흑고니가 물 등을 두드릴 때

이 도서의 국립중앙도서관 출판예정도서목록(CIP)은 서지정보유통지원시스템 홈페이지(http://seoji.nl.go.kr)와 국가자료종합목록시스템(http://www.nl.go.kr/kolisnet)에서 이용하실 수 있습니다. (CIP제어번호 : CIP2019023074)

고요아침 운문정신 023

흑고니가 물 등을 두드릴 때

유순덕 시집

| 시인의 말 |

세상은 참, 말이 없고 혼자 걷는 길은 차다

2019년 6월
유순덕

| 차례 |

시인의 말　　　　　　　　　　　05

제1부 月

흑고니가 물 등을 두드릴 때　　　　13
접화나무 아래서　　　　　　　　14
데자뷰　　　　　　　　　　　　15
자란紫蘭 혹은 자화상　　　　　　16
가을의 경계　　　　　　　　　　17
먼 바다, 천희오 생가　　　　　　18
어느 푸른 새벽　　　　　　　　19
산수국 옥탑방　　　　　　　　　20
겨울밤　　　　　　　　　　　　21
징검다리 앞에서　　　　　　　　22

제2부 火

등 뒤의 풍경	25
벚꽃 수의	26
사막에서 길을 찾다	27
소풍 왔다 가는 길	28
연잎, 결가부좌	29
전족	30
화장	31
카모플라쥬	32
새야 새야	34
하늘, 몸에 갇히다	35

제3부 水

어머니의 풀숲   39
가을, 정거장에서   40
완결이라는 서사를 조각하다   41
달이 종소리를 울릴 때   42
솜다리꽃   43
사막, 그늘 아래서   44
수족관에서 사랑을 보다   45
봄, 번진다는 것   46
선물 혹은 환유   47
헌책방 실루엣   48

제4부 木

등 푸른 연초록 별   51
기을 미중   52
사과나무가 있는 풍경   53
가을 동화   54
사월의 우물은 길 하나를 품는다   55
저물녘 시를 읽다   56
보리가 익어 갈 무렵   57
몽당 색연필   58
라깡의 거울   59
다비식   60

제5부 金

수국이 피었다 질 무렵   63
물안개 비 그치듯   64
물마루 가는 길   65
새의 거리   66
금강산으로 물들다   67
도라산역에서 별을 세다   68
백두대간 구름 비행   69
월동은어   70
청보리의 바다를 건너다   71
여름의 무릎   72

제6부 土

왕벚나무 그늘에 매미 울음이 빛날 때   75
천년의 그릇   76
나팔꽃 울타리   77
햇살 시간, 솟대를 꿈꾸다   78
노을 속 날다   79
우리 잠시 꽃잎처럼…   80
12월, 꽃을 위한 송가   81
나비의 겨울   82
당신의 등   83

해설_현실과 역사에 웅전하는 서사의 방식과 시적 상상력
   /이지엽   84

제 **1** 부

언덕은 하늘 등걸에 슬픔 한 뼘 지운다

흑고니가 물 등을 두드릴 때

검은 대륙 흙집에 살다 이주해 온 흑고니
내전과 가뭄으로 나무뿌리 삶을 물을
젖꼭지 가만히 부어 입에 넣고 건넌 바다

젖은 눈 능선 위에 슬어 놓은 한기寒氣를 안고
푸득푸득, 날고 싶어 울음소리 갉는 밤
자식들 여린 숨결에 목덜미가 떨린다

허나 남은 넷째와 막내 행여 그물에 갇힐까
무거운 날개 펄럭이며 물 등을 두드리는
어미 새 아픈 부리에 성근 눈발이 날린다

점화나무 아래서

당신이 좋아하는 나무 아래 다 왔어요
나무를 껴안은 당신 안 보이는 눈을 뜨고
저기 먼 별빛을 따라 홀로 걷고 있나요

토독 톡톡 손 두드리며 나도 눈을 감아요
나무 점자 더듬으며 어디쯤 가고 있나요
게자리, 북극곰 자리, 천칭자리, 큰곰자리

오늘 당신 양자리까지만 갔으면, 그랬으면
등 뒤 오누이에게 손 흔들며 돌아서나요
골목길 마중 나와 선 내 목소리 보이나요

* 점화 : 상대편 손등 쪽 손가락 마디를 누르며 하는 대화.

데자뷰

고목의 밑동을 베고 두 눈 가만 감는다

한순간에 잘려나간 아픈 기억 저편에서

어둠을 찰박거리는 발걸음이 들려온다

구불한 나이테 따라 눈 쌓인 몸에 들어

이곳저곳 꽃잎 새기며 꺼진 불을 지핀다

훅 끼친 딸기 냄새가 방안 가득 번진다

낯선 듯 정한 눈빛 접혔다 가는 자리

긴 여름 다시 누워 아프지 말라는 듯

언덕은 하늘 등걸에 슬픔 한 뼘 지운다

자란紫蘭 혹은 자화상

해와 달을

고요한

절벽으로

불러내

하늘에도 매달고

심장에도 담아보고

이따금

천둥을 치는

번개처럼 울었다

가을의 경계

당신과 나 사이에
가을 강이 흘러와서

생사의 경계만큼
아득하기만 한 날에는

달콤한 햇살에 말린
꽃잎을 맡고 서겠네

계단 하나 못 오르는
그런 모진 가을에는

활활 타는 단풍으로
아프게 타올라

둥글게 흐르는 강물
그 속에 몸, 담그겠네

먼 바다, 한하운 생각

물푸레나무 그늘 아래 함초롬 빛나는 눈

가슴을 칠 손도 없이 도망갈 발도 없이

하늘빛 하아 그리워 물방울을 보듬었네

누추한 땅 그 어디쯤 내려앉을 홀씨인지

문드러진 살과 뼈를 슬픔으로 보듬네

초승달 눈썹 만지며 대답 없는 길을 가네

이슬 젖은 풀숲을 잠방잠방 걷다 보면

먼 바다는 시를 짓다 까무룩 잠이 들까

물비늘 투명한 종소리 빛살 되어 박히네

어느 푸른 새벽

안개 낀 강가에서 마주 보던 푸른 눈빛

첫 새벽 마중 나온 머나먼 저 별을 보며

우리는 밤이 새도록 무슨 말을 했던 걸까

유리병처럼 투명했던 가을날의 얘기들은

풀숲에서 꿈꾸는 망초꽃들 사이 지나 희붐한 물살을 타고 가늘게 떨리는데 바람이 그 무엇도 붙잡지 않고 떠나듯 안개도 노래도 강물 위를 반짝일 뿐 잘 가라는 한마디만 풀이슬로 매달려 있다

찬 새벽 공기 속으로 에돌아가는 두 그림자

산수국 옥탑방

사다리 타고 오르던 산수국 작은 동네
오 촉 등 구멍가게는 이따금 손 흔들어
고래 등 타고 떠났던 사람들을 불렀어

몽글몽글 골목마다 연분홍 꽃잎 아름 따서
세 평 남짓 옥탑방 그림들을 숨겨뒀지
밤이면 손 닿을 듯한 은하수에 발 담그며

화관 두른 담장 너머 짓물렀던 계절들이
산새 울음 물고 와 등성이에 말리곤 했지
연탄만 들여놓아도 씨방이 붉던 그 방에서

겨울 밤

등 뒤에 그 누구도

무얼 올린 적 없는데

나는 왜 시든 시래기로

서 있어야 하는 건지

왜 문득

밥을 먹다가

목이 메는 것인지

징검다리 앞에서

봄날 저녁 개울가 후끈거리는 라일락 향기
누구일까 둘러보면 인기척이 사라지고

어둠 저 깊은 곳에서 날 부르는 순한 기척

꽃향기 짙어갈수록 마음 더욱 설레지만
하늘 높은 징검다리 나 그만 망설이다
한발을 떼려다 말고 넘어질까 돌아선다

그러니까 징검다리는 어머니께 가는 길
겨울에서 봄으로 건너가는 씨앗의 길

둥근 달 씨앗들의 집
물소리가 저리 맑다

제2부

삼천 년 지난 후라도 발아를 꿈꾸면서

등 뒤의 풍경

진흙 바람 얼굴 위에 발자국 찍는 검사실

초록을 인화하여 찬 기운을 막아보네

하얗게 자라난 낮달 부러진 가지 움켜쥐네

산양처럼 떨고 있는 수은 빛 하늘의 새

화산으로 폭발할 상처들을 안고 누워

이별의 결빙된 시간 슬픈 귀를 자르네

찬 햇살 아픈 얼굴 찢겨나간 신경들은

흰 눈 속을 파고드는 길 잃은 별의 흔적

초승달 움푹한 둥지에 새알들을 품어보네

벚꽃 수의

1
피지 않는 벨 소리에 혹 번호를 잊은 걸까

좁아 닳아 내리는
어깨뼈를 떠올리다

물끄럼
먼 곳을 보는
꽃망울 애써, 외면한다

2
봉오리 맺힌 가슴엣 말
만개해 놓은 투박한 손

"곱지요, 이거 입고 당신한테 갈라요…"

노모의 중얼거림에
연분홍 꽃잎 강물로 진다

사막에서 길을 찾다

사막을 가로지르는 나는 연어 한 마리
모천의 귀로를 따라 길 없는 길을 찾다
찢겨진 비늘을 안고 잠이 들던 많은 날들

뿌리 뽑힌 텀블링 나무 이리저리 씨방 털고
가시 품은 선인장들 함초롬 꽃 피운 곳에
연초록 신기루 쫓아 꿈결에도 달리는 걸까

거꾸로만 가는 여정 부푼 꿈은 멀어져도
길고 긴 콜로라도 강 물살을 거슬러 올라
칠흑 속 된비알 너머 지평 환한 길을 간다

소풍 왔다 가는 길
― 설악 조오현 시인 영결식에서

1
설악산 구불한 길 우리네 생 같다시던

엄마 손 잡고 콩콩 뛰었을
일곱 살 동자승이

대종사
큰스님 되어
국화꽃 속 환히 웃네

2
손 놓지 않으려고 까맣게 목 놓았을

아픈 길 굽이 돌며 어머니, 부르는지

산새들 곡비로 우네

소풍 왔을 그날처럼

연잎, 결가부좌

한여름 방죽에서 어둠을 가르는 소리
눈 감고 귀를 연 후 묵언 잠긴 저 잎자루
진흙 속 뒤척이면서 뿌리 홀로 내린다

수면 위 정든 얼굴 하나 둘 다, 배웅하고
세상 가장 낮은 곳 꿈을 꾸는 씨앗들
바닥에 누워 삭힌 말 꽃대 길게 밀어 올린다

삼천 년 지난 후라도 발아를 꿈꾸면서
개화를 기다리며 결가부좌 가만 트는
신 새벽 연꽃 봉오리 온몸 열어 길을 낸다

전족

박물관 유리 장식장
신발 속으로 들어가요

새장 속 난 카나리아
활 같은 발 만들래요

창문만 홀로 두드린
소프라노 고운 음색

발가락이 떨어져도
7센티미터 힐을 신고

매일 아침 눈을 뜨면
달리고만 싶어져요

콕 콕 콕, 연꽃을 찍는
내 발 좀 묶어 줄래요?

화장

나지막한 언덕 움집에 웅크리고 앉은 나는

조개꽃들 무더기로 핀 이곳에서 밤 볕이 너무 환해 오촉 등마저 켜지 않으리, 다발로 묶은 화살들 메고 떠난 네 옷 곱게 접어놓고 패총 구덩이 어디쯤 누워 바람을 몸에 들이며 화석이 된 우리, 눈을 뜨면 하늘도 바다도 땅도 아닌 우리 처음 설레듯 만난 이 구릉에서 하얀 들꽃 한 움큼 안고 올 나는 너의 신부가 되리 그날은 바구니 가득 조개들 화덕에 구워 놓고 나는 너를 맞으리

불 속을 뜨겁게 달려 내게로 오는 너를

카모플라쥬

1
눈동자에 빨간 열매
네 볼은 노랑
나는 분홍

돛단배는 네 눈썹
내 눈썹은 반달

입술은
보라로 점점
보일락 말락
점
점

2
희미한 악보 속을 유영하는 색채들

눈에 보이지 않는 슬픔
물고기와 새로 풀어 놓고

기하학 상징과 은유에
두 손 바친
파울 클레

새야 새야

새야 새야 붉은 새야 꽃잎 분분 날리는데

흔들리는 네 눈은 왜 기찻길만 바라보니

사냥터 잘못 들어가 텃새에게 찢긴 거니

가볍게 하늘 오르며 꿈을 꾸던 나의 새야

저 넓은 하늘 모두 네 길인 적 있으련만

버거운 날갯짓에도 둥지 틀 곳 없는 거니

엉킨 맘 기적 소리에 몇 날 며칠 씻어봐도

차오르던 네 아침은 침몰하는 밤인 거니

초가을 몸을 담그고 겨울 향해 나는 새야

하늘, 몸에 갇히다

스르륵 다가온 뱀이 몸속으로 들어온다

깊디깊은 심장 안에 똬리를 틀어 놓고

온몸을 친친 감고서 먹돌처럼 앉아 있다

버거운 몸뚱어리 어둠으로만 내몰린다

부서진 몸 우두커니 지난 기억 호명하며

캄캄한 동굴 깊은 곳 홀로 갇혀 신음한다

우— 우— 우 울부짖으며 신음하는 통성기도

입 다문 하늘을 본다, 빈 통로를 찾는다

푸른 눈 깜빡거리며 새 부름에 귀를 연다

제3부

은은한 향내를 담아 눈빛 촘촘 스며들던

어머니의 풀숲

풀, 하고 발음하면 물비린내 번지던 길
풀숲에 주저앉아 울먹이던 기억 안고
숨 한번 고르고 싶은 하루 끝이 앉아 있다

나지막이 현을 고르며 느리게 흘러왔다
가난을 대물림하듯 뽑히면 또 자라는 풀
이슬에 다 젖어 시린 고단한 등 오롯하다

들리지 않는 귀로 입술만을 읽던 당신
덤불에 들어가면 가야 할 때를 알고 눕는
길마다 두 눈이 붉던 내 어머니 길이 있다

가을, 정거장에서

1
정거장 벤치에 앉아 버스들 다 보내고

가는 이들 뒷모습만 바라봐도 좋겠다

머물고 싶은 얼굴들 풍경 다 놓아버리고

2
늦저녁 먼 길 가는 널
뒤따르고 싶은 날은

눈물로 닳아 내린
얼굴 없는 나무로 서

백야의 눈사람처럼
녹아 내려도 좋겠다

완결이라는 서사를 조각하다

호수공원 벤치 옆에
빚어 놓은 조각상

가만 가, 만져보니 이목구비가 … 없다!

겨울이 가는 쪽으로
얼굴을 돌려 앉혀야지

두 눈에는 바람을 담아
지중해의 별도 넣고

시작이 끝이 되는 완결의 서사 들려주며

슬픔을 버무려 담은
생강나무도 심어야겠다

달이 종소리를 울릴 때

 서투른 글씨 속으로 달이 자꾸 둥글어져도 십년을 걸어 닿을 수 없는 달이었다면 여름이 찬란했다는 그런 말은 않기로 해요

 기억을 돌려준다는 나무 아래 누워서도 몇 무리의 양떼를 까마득 잊은 목동처럼 목메던 지난 시간은 양털로 덮어 두고

 은하를 건너가는 연분홍 달팽이처럼 달은 안고 뒹굴던 움막 같은 마음이랑 한 생을 기웃게 하는 종소리로 보내요

솜다리꽃

저 은하수
무리별에서

버려지는 나의 별은

다시는
가 닿지 못할

당신의 별을 바라봅니다

아득히
길어졌다 짧아지는

그림자 하나를 생각합니다

사막, 그늘 아래서

사막 낮은 담장 아래 햇살이 두근거린다

살아선 다시 오지 않겠다던 아픔들이

삼십 년 눌러 두었던 열기를 내뿜는다

해바라기 어머니가 까치발 한 등을 보다

사내는 감 꼬투리에 눈물 툭, 터트린다

채송화 봉숭아꽃도 그늘 한켠 안아준다

아픈 몸 가난으로 이 악물었던 사막 길을

설산이 옛집인 듯 차를 몰곤 했다는 사내

늦가을 볏짚 냄새를 한 움큼 훅, 품는다

수족관에서 사랑을 보다

  사랑의 몸짓을 하는 수족관 속 두 물고기
  빙그르르 한 번 돌고 두 눈빛을 마주하며 저 둘은 한몸인 것처럼 춤을 추고 있습니다

  생일을 깜빡 잊어 미안하다는 표정 위로 힘에 부친 지난 한 해 흔적들이 일어납니다
  연리지 한몸 나무로 그늘이던 당신 모습

  토라진 듯 다시 보고 샘이 난 듯 멀어져도 서로 곁에서 지켜보며 두 길 가는 당신과 나
  따로 또 같은 물살을 가르며 살아갑니다

봄, 번진다는 것

꽃잎 분분 젖어가며 흘러가는 봄날 아침
밤새 울던 폭풍우로 마음 둘 곳 없는 날엔
어린 순 차고 오르는
차밭으로 갈 일이다

찻잎이 번져가던 젊은 우리 가난한 날
추울수록 깊어지던 잎을 우려 삭혀가며
은은한 향내를 담아
눈빛 촘촘 스며들던

층층이 진 구릉마다 뾰족 오른 이파리들
단단한 잎 골라내고 바구니에 담은 말들
가마솥 황토에 얹어
한소끔 덖을 일이다

선물 혹은 환유

물푸레 잎 사이 햇살을 받아줄 수 있겠니?

강아지풀 두 개, 개울 속 조약돌 하나, 눈 속에 묻힌 빨간 열매, 아기 신발 한 켤레, 내가 짠 목도리와 벙어리장갑, 두근거리는 구두 소리, 지난겨울의 우울, 잘 말린 자작나무 껍질, 널 위해 숨겨 둔 산책길, 연분홍 꽃마리, 제비꽃 닮은 첫날 밤, 물푸레 잎새 사이 햇살, 강을 건너는 싱싱한 바람, 널 사랑하는 마음을 받아주겠니? 우리가 어제 교환한 곰 인형을 안고 잠이 들었다면

널 위해 세상에 남긴
내 가진 모든 것을

헌책방 실루엣

둘러보면 말 건네는 이 아무도 없는데
읽지 못한 문장들이 음악이 되었는지
헌책방 거울이 되어 내 모습을 비춘다

바닷속에 수몰되어 꿈을 꾸던 작은 집은
지금 넌 여기 서서 무얼 하고 있느냐고
맴도는 이슬 한 방울 활자 위로 번지는데

꺼질 듯 가물거리는 쾌쾌한 불꽃들만
이제는 채우기보다 비워야 할 때라는 듯
언젠가 귀퉁이 접은 글귀처럼 속삭인다

제4부

비워서 활짝 핀 세상 온통 사랑입니다

등 푸른 연초록 별

　가을밤을 수놓은 은하수 무리별에서 빛바랜 별이 하나 가늘게 떨어집니다 차가운 달빛 사이로 긴 꼬리를 흔듭니다

　낯선 하늘 여울목엔 등 굽은 연초록 별 멍이 든 몸을 말아 어둠 속에 웅크립니다 유년의 우물 속에서 들려오는 풍금 소리

　흑백으로 얼어붙은 풍경들이 일어납니다 마흔 해를 감아 들던 내 몸속의 나이테는 등 푸른 숨비소리로 사막을 건너갑니다

　뒤란 가득 감이파리 장독대를 가만 덮고 물기 마른 늦가을은 수런거리다 잠이 듭니다 금 긋고 떠나는 별똥별 끝이 온통 울음입니다

가을 마중
― 白水 생각

초가을 별 마중하러 당신이 가십니다

곡기 다 놓으신 길 시구詩句만은 꼬옥 쥐고

분이네 살구나무를 돌아 돌아, 가십니다

어머니 환한 목소리 쌍무지개로 오릅니다

못 다 읊은 가락들은 배롱나무꽃으로 붉어

투욱 툭, 쇠북을 치며 새벽까지 웁니다

사과나무가 있는 풍경

당신 그린 집에서 잠시 살아도 될까요

돌 계단을 올라가면 장마마다 비가 새는

오래 전 그 섬에 들어 장작 환히 지펴가며

다 낡아 빛바랜 풍경 알록달록 덧칠하다

마당 가 사과나무는 남겨둬도 될까요

손 닿는 붓끝들마다 세 살이 돋아나게

자전거 타고 하늘 날다 굴뚝 연기 매워도

안을 수 없어 구멍이 난 문풍지 발라 놓고

세상의 중심에 선 순간 그려가도 될까요

가을 동화

#1
우리 집은 해마다 하늘에 감을 걸었다
늦가을 뒤란으로 까치 되어 오신다고
할머니 군불 지피며 몇 번이고 되뇌었다

#2
어머니, 좋아하시던 홍시 실컷 드셔요
할머니 떠난 들녘 대문 활짝 열어놓고
아버지 휘어진 가지 그립게 올려봤다

#3
저 많은 까치 중 할머니는 누구실까?
속살 환한 홍시 보고 침 꿀꺽, 삼켜가며
할머니 사랑한단 말 흙담 가득 쌓았다

사월의 우물은 길 하나를 품는다

그리움이 수놓은 시詩 길 하나가 되었습니다

한 시인을 건너오며 들여다본 우물 속에는

한평생 오른 설산이 찬란하게 빛납니다

산빛은 또 물빛으로 다른 길을 품습니다

사무친 날 새겨 놓은 밤하늘의 저 명편들

몸으로 몸으로 울던* 당신들의 등입니다

뜨겁게 속 뒤집으며 져 내리는 봄이지만

또 다른 고향이 있어 사월은 가고, 오는 걸까요

비워서 활짝 핀 세상 온통 당신 사랑입니다

* 박재삼 시인의 시 중에서.

저물녘 시를 읽다

늦저녁 지하도 입구 새어 나오는 불빛 아래
더덕 껍질 벗기는 등 굽은 할머니 한 분
신문지 쭈그려 앉아 물끄러미 귀동냥이다

계단 오르던 젊은 새댁 고개 삐죽 디밀며
덤으로 서너 뿌리 더 달라고 흥정하자
그러슈, 엷게 웃으며 한 뿌리 더 내어준다

다 닳은 무릎 관절 끝내 펴지 못하지만
우방색 꽃 핀 얼굴 패인 볼 오물거리며
맨 바닥 지키는 두 손 남은 향내 물큰하다

보리가 익어 갈 무렵

보리밭에서 보았어 편애의 문장들이 바람에게 몸을 주며 한쪽으로만 눕는 것을
　깊은 숨 행간을 밀어 사잇 길을 내는 것을

언덕을 넘는 주몽 보며 손 흔드는 유화처럼 해모수 떠난 하늘을 그립게 바라봤어
　쫓기는 아들 두 손에 보리 씨앗 쥐여 주듯

연두로 출렁이는 말줄임표 서사들을 난 아직 첫 페이지도 읽어 내지 못했는데
　여름은 누렇게 익어 책장을 덮고 있어

몽당 색연필

문구점 앞 펼쳐 놓은
알록달록 색연필들

살고 싶은 세상을 그리고 싶은 건지

나 홀로 보았던 죽음
지워 달라 하는 건지

읽히지 않는 글씨 보며 먼 산 보던 우두커니

뭉툭한 몽당 심에
간절한 햇살을 골라

쓸쓸히 등 돌린 시간
마주 본다,
괜
찮
다
고

라깡의 거울

새해 아침 꼭 한번 엷은 화장 하기 위해

거울 속 물의 요정 요란하게 잠을 깬다

부재의 투명한 눈망울 사르르 떨려온다

진분홍 립스틱에 연초록 볼 터치하며

수천 수만 욕망의 조각 환유의 유희들은

분열된 의식이라도 얼음 궁전 짓는다

희부연 먼지 속에 물때 앉아 흐린 얼굴

남루한 이 하루도 크림으로 맑게 닦아

금기를 허락한 나무에 언어의 꽃 피어난다

다비식

죽는 날이 세상에서

가장 좋은 날이라고

평생 죽는 법 말한

설악 큰스님 가시네

허물 다

벗고 계시는지

안개 짙게 풀고 있네

제5부

저만치 피고 지는 일 그마저도 좋아서

수국이 피었다 질 무렵

여름 다시 찾아오고
햇볕 한 줌 울컥하는

오늘 우리 하늘 닮은 수국으로 필까요

저만치 피고 지는 일
그마저도 좋아서

풀잎 사이 몸 숨기고 꽃봉오리 벌어 놓고
이마에 별 달아주며 입속에 밥 넣어 주다
이따금 목이 메어서 어미 새 울음 우는

우리는 비정규직
달에 잠드는 물고기

연보랏빛 꽃등 달고 눈빛 가끔 붉어져

아득한 한 뼘의 거리
꽃그늘로 지우는

물안개 비 그치듯

물안개 오르는 강 거슬러 간 메아리여
수의 깃 매만지며 함께 눕자던 약속들
빈 들판 저 허수아비
가슴 안에 접어 두고

얼굴 다 놓아버리고 돌아보지 않고 간 길
흙더미 봉긋한 언덕 비 그치듯 사라져도
망초꽃 남은 식솔들
하나 둘 따라나선

부디 이제 귀 들리던 젊은 날로 돌아가서
눈 감아도 보이는 것들 등성이에 부려 놓고
금촉의 햇살을 뿌려
굽은 등을 펴세요

물마루 가는 길

손때 묻은 낡은 거적 이불을 끌어 덮고
반 평 방 면벽한 채 기침 잦은 독거노인
손가락 하나 둘 꼽아 자식 이름 되뇌인다

폭염 아래 밭일 갔던 너나들이 벗들 서넛
하늘 행 사다리 타고 휘이 휘이, 떠난 자리
못다 한 자식 자랑만 쥐똥으로 나뒹굴고

폐지 실은 수레 끌고 물마루 길 언덕 돌아
빌딩 숲 낮게 나는 철새 등에 안부 띄우다
왈칵 또, 붉은 눈시울 갯비린내 훅 맡는다

이렇게 사라진들 뉘가 불러 줄 것인가
몇 달 혹 몇 년이 지나 화석으로 남아도
끝내는 못 삭힌 울음, 반달 되어 꽂히리니

새의 거리

세상 뜨는 새들은

어디쯤에서 손을 흔들까요

무덤처럼 마르는 생이

아름다울 수 있다면

다시는

뒤돌아보지

말아야만 하겠습니다

금강산으로 물들다

흙먼지 군사도로 자갈거리는 버스 안
물러서는 풍경들은 정적 속 아득한데
녹이 슨 철조망 사이
긴장은 팽팽하고

죽더라도 고향 들녘 보고 싶다던 할머니
차창에 사진 붙여 어무니 실컷 보이소
하마 눈 감지 못한 얼굴
만월처럼 웃는다

졸음졸음 귀 맑히며 상처 붉은 DMZ는
두른 옷 다 벗어두고 새떼 저리 보내는데
갈라진 푸른 붉은 꿈들
만물상 끝 도는 구름

그립게 마주 보고도 하늘 멀리 돌아온 길
소 달구지 웃는 농부, 손 흔드는 능선 뒤로
산 첩첩 잠기는 노을
가을 물이 들고 있다

도라산역에서 별을 세다

꽃불 총총 켜 들고

잠을 깨는 도라산역

남과 북 하나였던 걸

열차는 기억하는지

두 가슴

와락! 안으며

겨울 너머 별을 센다

백두대간 구름 비행

   백두산을 오가는 구름 여행 티켓 끊어 한반도 등뼈를 따라 비행길에 오른다
   수줍게 손을 내미는 무명의 봉우리들

   단풍에 불을 붙인 천왕봉과 월악산아, 눈 내린 비로봉 설경 비운 몸을 다 보았니?
   동강은 첩첩산중을 굽이굽이 휘도는데

   대청봉 연주팔담 내리닫는 물줄기를 대동강 마대산 다시 끌고 오르는 구름
   안개 속 기암절벽에 잠시 앉아 숨 고르나

   허리 끊긴 상처 딛고 일어서는 백두산 짙푸른 천지 위로 먼동이 터오른다
   태양의 말발굽 소리 백두대간을 흔든다

월동은어

  사무친 무엇으로 그 먼 길을 오른 걸까
  힘 있고 발 빠른 이 서둘러간 모래 자갈 무리 맨 끄트머리로 초록 강에 안기네

  붉은 영역 문 앞에서 비늘 죄 뜯겨져도 끝자리 첫 자리인 듯 뒤척이는 산란의 몸 입으로 이끼를 물고 행간 속을 출렁이네

  얼음장 밑 물속에서 꿈인 듯 생시인 듯 해조음에 귀를 열고 알 가마 품어 보다 구겨져 엎드려 우네 파지 되어 펄럭이네

  물보라를 일으키는 통증 섞인 문장들 눈멀었던 날갯짓도 찬 여울에 묻어두고
  자어들 떠나는 길목 봄밤 환한 별로 뜨네

청보리의 바다를 건너다

보리밭에 바람이 오면 들판은 바다가 된다
구불한 길 은어 떼는 어디로 가는 걸까
수평선 소나무 두 그루 푸른 등을 반짝인다

물안개 속 철썩이며 아픈 전설을 묻곤 하다
큰 바위에 몸 기대고 젖 물리는 연분홍 고래
저만치 포경선 보며 봄새 울음을 앓는데

모든 경계가 지워지면 아픈 몸이 나을까
바닷가 유채꽃밭 이정표 같은 솟대들만
원두막 통통배 올라 먼 항해를 떠난다

여름의 무릎

논을 누비던 이앙기 앉아 한숨을 쉬는 김씨

망쳤어, 다 망쳤어 두 눈 붉게 불을 켠다

두 주먹 불끈 쥐면서 눈꺼풀을 슴벅인다

들녘을 동여매고 시큰거리는 무릎 끌며

살붙이 같은 흙덩이 쩍쩍 말라 바스라져

하늘만 올려다보며 맨 가슴을 치는 울혈

목숨 같은 저 물을 골프장이 끌어간다고

담배 연신 태우다 소주를 붓는 몸속으로

쏴아아, 함석지붕이 빗소리로 울고 있다

제6부

깊은 밤 시 끄적이는 쓸쓸한 당신 같다

왕벚나무 그늘에 매미 울음이 빛날 때

왕벚나무 그늘 아래 맑은 신발 벗은 나는
솜털 보송한 잎사귀가 하늘인 줄 알았어요
뙤약볕 얼음 속에는
붙들 게 없었거든요

흙을 털고 부화해 찢긴 허물 펄럭여도
처음으로 갈 수 없는 후렴구만 가득합니다
다 못 울 그늘과 그늘 혼잣말을 해야 할까요

나무 냄새 비릿해서 이상한 꿈 꾼 거라고
심장을 텅텅 치며 속엣 것 다 쏟아봅니다
소슬한 바람의 주름살 얼굴을 닦아 주네요

울지도 못한 날개 비비며 내일을 둥글려봅니다
느닷없는 생의 상처 쓰윽, 드러낸 곳에
점 점 점, 꽃잎들 피어
하늘 아연 날아갑니다

천년의 그릇

침묵의 산 올려보다 눈이 따가운 하오 두 시

뻥 뚫린 굴문窟門들자 겹겹 쌓인 냇돌들이

천마총 융단을 깔고 지나온 길 되묻는다

금관 아래 옹이 자국 생채기 난 저 얼굴

천년 전 묵은 바람 그릇에 오롯, 올려놓고

반지 낀 손가락 끝은 호미곶을 꿈꾸는가

오늘은 나, 동쪽 향한 길 위 가만 눕는다

자오록 발이 아픈 안개 섬 물길 돌아

한 팔을 불쑥 내민다 푸른 햇살 쥐어본다

나팔꽃 울타리

1
허물어진 돌담 앉아 재잘대는 아이들
분홍 빨강 꽃잎들을 돌멩이를 찧고 있다
처마 밑 투명한 손톱 소란한 꿈 물들인다

마주 앉은 눈빛들 헝겊 꼭꼭 둘러주다
이마 위 앉은 반달에 첫눈 소복 덮어주며

토옥 톡 꽃씨를 턴다
그늘 환한 여름 오후

2
건들거리는 바람이 울타리를 밀고 있다
치마 속 허점 들춰 말뚝을 박는 해머 소리
후다닥 넝쿨도 놀라 들판으로 도망가고

귀를 연 나팔꽃이 부풀린 말 들었을까
울타리 철사에 찔려 입술 지긋 오므린다
칸칸 속 마음 엿보고
그래그래, 돌아간다

햇살 시간, 솟대를 꿈꾸다

　눈 내리는 마당에서 포르르 참새 한 마리 발가락 간질이며 귀엣말을 속삭입니다
　아침을 하냥 흔들며 눈꽃 가득 피웁니다

　쌓인 눈 차마 못 밟고 마루를 서성이다 눈덩이 굴려 가며 봄의 표정 빚어봅니다
　새까만 속눈썹 위에 햇살 시간 얹습니다

　서른아홉 끌고 가는 골 깊은 낙엽 따라 모서리 둥글게 휘며 가쁜 숨을 내쉽니다
　먼 길을 돌아온 하늘 솟대를 꿈꿉니다

노을 속 날다

차곡차곡 쌓인 말로 수만 리 길 내달려와

한 층 한 층 수놓으며 일렁이던 침묵의 뼈

무심한 절벽에 베어 절정의 붉음이다

날카롭던 모서리도 둥글게 품어 놓고

남몰래 똑똑 흘려 움푹 팬 물웅덩이

귀 닳은 몽돌 그늘에, 섬 불빛도 눈을 뜬다

발자국도 남지 않는 미끌미끌한 잔돌 위로

올릴 수 없는 닻 하나 등대를 끌어안고

해와 달 몸을 바꾼다 까무룩 잠이 든다

우리 잠시 꽃잎처럼…

깊이를 알 수 없는

블랙홀 심연에서

내가 누군지 묻던

뜨거웠던 시간들

우리는 꽃잎늘저럼

서로의 존재를 어루만졌다

12월, 꽃을 위한 송가

순간을 알기에는 생이 너무 짧기만 해

음표처럼 숨은 빛깔 그 눈빛을 찾으려 이젤에 모자를 걸고 휠체어를 밀며 가네 물결 위에서 숨 쉬는 태양은 오, 나의 신부! 뒤틀린 손가락 사이 붕대를 돌돌 말아 심장이 멎으려 해도 격정의 붓을 끼우네 무수한 풍경 앞에 엄습하는 관절의 통증, 짧고 빠른 빛의 동선動線 새의 발톱 그리네 멈추지 않는 붓놀림 갈필의 명암을 찾네 그려서는 안 된다는 세상을 넘어서자, 천상의 날개에서 햇살들이 쏟아지네

영원한 조화를 꿈꾸는
캔버스의 저 꽃들

나비의 겨울

옥양목 흰 손수건 수놓아진 자벌레
빨갛게 물든 눈으로 장대 끝을 바라본다
아무리 올라보아도 그 끝은 안 보이고

아픈 옹이, 찢긴 상처 한땀 한땀 꿰매다
입김을 호호 불며 올라갈까 내려갈까
길 없는 길을 돌면서 계절 내내 흔들린다

구부렸다 폈다 하며 공갈빵처럼 부푼 시간
빨래집게에 꽉 물려 젖은 옷으로 펄럭대다
보호색 다 벗어 놓고 나비 되어 날아간다

당신의 등

기다림을 사랑한 물컹했던 하늘과
젖은 바람 음악으로 캄캄했던 슬픔들

낮과 밤
맞붙어버려

계절 없던 이름들

늦가을 창살에 와 부딪치는 햇살 같다
바람 타고 먼 길 가는 귀먹은 철새 같다

깊은 밤
시 끄적이는

쓸쓸한 당신 같다

■해설

현실과 역사에 응전하는 서사의 방식과 시적 상상력

이지엽

시인 · 경기대 교수

1. 디아스포라diaspora와 소외의 문제

검은 대륙 흙집에 살다 이주해 온 흑고니
내전과 가뭄으로 나무뿌리 삶을 물을
젖꼭지 가만히 부어 입에 넣고 건넌 바다

젖은 눈 능선 위에 슬어 놓은 한기 寒氣를 안고
푸득푸득, 날고 싶어 울음소리 갉는 밤
자식들 어린 숨결에 목덜미가 떨린다

허나 남은 넷째와 막내 행여 그물에 갇힐까
무거운 날개 펄럭이며 물 등을 두드리는
어미 새 아픈 부리에 성근 눈발이 날린다
— 「흑고니가 물 등을 두드릴 때」 전문

이 시집의 표제작이기도 한 「흑고니가 물 등을 두드릴 때」는

'흑고니'를 통해 디아스포라diaspora의 문제를 담고 있는 작품이다. 원래 디아스포라는 팔레스타인을 떠나 세계 각지에 흩어져 살면서 유대교의 규범과 생활 관습을 유지하는 유대인을 가리키는 말이었다. 이후 디아스포라는 국외로 추방된 소수의 집단 공동체나 정치적 난민, 이민자, 소수 인종 등과 같은 다양한 범주의 사람들을 가리키는 말로 폭넓게 사용되게 되었다. 예컨대 유대인이나 아프리카인, 아르메니아인처럼 정치적 박해나 노예, 민족 학살 등의 사유로 본토를 떠나 타국에서 유랑생활을 하는 경우는 '피해자 디아스포라', 중국 화교처럼 교역을 목적으로 자신들만의 공동체를 형성하는 경우는 '교역 디아스포라'인데 여기의 '흑고니'는 계약 노동자로 본토를 떠나 타국에서 생활하며 자신들만의 공동체를 형성하는 경우로 '노동 디아스포라'라고 말할 수 있다. '노동 디아스포라'를 포함하여 대부분은 "내전과 가뭄" 등의 고통으로부터 벗어나고자하는 열망을 가지고 있으며 그 열망만큼이나 냉혹한 현실적인 고통이 수반된다. 이 작품에서는 이 고통이 "젖은 눈 능선 위에 슬어 놓은 한기寒氣"와 "푸득푸득, 날고 싶어 울음소리 같는 밤"으로 형상화된다. 자칫하면 각박한 현실 속에 딱딱해지기 쉬운 무미건조성을 '흑고니'를 통해 드러냄으로써 훨씬 서정적으로 육화된 '노동 디아스포라'의 비애를 그려내고 있는 것이다.

당신이 좋아하는 나무 아래 다 왔어요
나무를 껴안은 당신 안 보이는 눈을 뜨고
저기 먼 별빛을 따라 홀로 걷고 있나요

토독 톡톡 손 두드리며 나도 눈을 감아요
나무 점자 더듬으며 어디쯤 가고 있나요
게자리, 북극곰 자리, 천칭자리, 큰곰자리

오늘 당신 양자리까지만 갔으면, 그랬으면
등 뒤 오누이에게 손 흔들며 돌아서나요
골목길 마중 나와 선 내 목소리 보이나요

—「점화나무 아래서」 전문

    점화는 상대편 손등 쪽 손가락 마디를 누르며 하는 대화이니 '점화나무'는 실제의 나무라기보다 시각장애인 품고 있는 이상의 공간으로 접신하는 매개체라 할 수 있다.
    이우걸 시인이 얘기하듯 이 작품은 "남자는 무한한 상상력으로 우주를 꿈꾸고 싶어 하고 여자는 그 꿈 이상으로 현실적 조건을 인식시키고 싶어 하는" "아름다운 사랑의 노래"다.

늦저녁 지하도 입구 새어 나오는 불빛 아래
더덕 껍질 벗기는 등 굽은 할머니 한 분
신문지 쭈그러 앉아 물끄러미 귀동냥이다

계단 오르던 젊은 새댁 고개 삐죽 디밀며
덤으로 서너 뿌리 더 달라고 흥정하자
그러슈, 엷게 웃으며 한 뿌리 더 내어준다

다 닳은 무릎관절 끝내 펴지 못하지만
오방색 꽃 핀 얼굴 패인 볼 오물거리며

맨바닥 지키는 두 손 남은 향내 물큰하다
　　　　　　　　　　　　　－「저물녘 시를 읽다」 전문

　시인의 시선은 "늦저녁 지하도 입구 새어 나오는 불빛 아래" 머문다. 도시의 바쁘게 지나는 사람들 사이에 시인이 주목하는 것은 "더덕 껍질 벗기는 등 굽은 할머니 한 분"이다. 더덕을 팔러 나와서 그 껍질을 손질하는 할머니는 도시 속에서 누구도 관심을 가지지 않는 소외 계층이라 할 수 있다.
　이 시편들에서 주목이 되는 것은 이들이 소외 계층을 살아가더라도 모두 다 따사한 인간애와 긍정의 힘을 가지고 있다는 사실이다.

　─ 자식들 여린 숨결에 목덜미가 떨린다(「흑고니가 물 등을 두드릴 때」에서)
　─ 저기 먼 별빛을 따라 홀로 걷고 있나요(「점화나무 아래서」에서)
　─ 맨바닥 지키는 두 손 남은 향내 물큰하다(「저물녘 시를 읽다」에서)

　「흑고니가 물 등을 두드릴 때」에는 어미 흑고니가 갖는 노심초사하는 마음이 간절하게 그려지고 있다. "남은 넷째와 막내 행여 그물에 갇힐까/ 무거운 날개 펄럭이며 물 등을 두드리는/ 어미 새 아픈 부리"에 주목하고 있는 것이다. 「점화나무 아래서」에서는 시각장애인들이 꿈꾸는 것이 다소 몽상적인 꿈이라할지라도 그것이 삶을 더욱 깊게 만드는 사랑의 역할을 하고 있음을 간명하게 보여주고 있다. 「저물녘 시를 읽다」에서는 "젊은 새댁 고개 삐죽 디밀며/ 덤으로 서너 뿌리 더 달라고 흥정하자/ 그러슈, 엷게 웃으며 한 뿌리 더 내어"주는 할머니의 넉넉한 품새와 맨바닥을 지키는 손일지라도 "남은 향내를 물큰" 품고 있는 상황을 한 편의 시로 읽어내는 노력을 통해서 잘 드러나고 있다.

2. 길의 생명성, 그 돋움과 확산

「저물녘 시를 읽다」가 "맨바닥 지키는 두 손 남은 향내 물큰"한 시라면 다음의 작품은 "바닥에 누워 삭힌 말"이 "꽃대 길게 밀어 올"리는 생명성이 돋보이는 작품이다.

> 한여름 방죽에서 어둠을 가르는 소리
> 눈 감고 귀를 연 후 묵언 잠긴 저 잎자루
> 진흙 속 뒤적이면서 뿌리 홀로 내린다
>
> 수면 위 정든 얼굴 하나 둘 다, 배웅하고
> 세상 가장 낮은 곳 꿈을 꾸는 씨앗들
> 바닥에 누워 삭힌 말 꽃대 길게 밀어 올린다
>
> 삼천 년 지난 후라도 발아를 꿈꾸면서
> 개화를 기다리며 결가부좌 가만 트는
> 신새벽 연꽃 봉오리 온몸 열어 길을 낸다
>
> ―「연잎, 결가부좌」 전문

연잎은 진흙 속에서 자라나 아름다운 봉오리를 맺는다. "삼천 년 지난 후라도 발아를 꿈꾸"는 것은 우담바라優曇婆羅를 말한다. 불경에 의하면, 인도에 그 나무는 있지만 꽃이 없고, 여래가 세상에 태어날 때 꽃이 피는데 전륜성왕이 나타날 때면 그 복덕으로 말미암아 감득해서 꽃이 핀다고 하였다. "바닥에 누워 삭힌 말"이란 "세상 가장 낮은 곳"에서 자신의 죄성罪性을 가라앉히고 묵힌 순화된 언어를 말한다. 절대 자신을 드러내지 마라. 바닥이 자신의 자리이니 모든 것을 섬기는 것이 본분에 부합하는 자리다. "신새벽 연꽃 봉오리 온몸 열어 길을"내는 것은 마치 연꽃을 통해 여래의 묘음妙音을 듣는 것 같은 신비로운 느낌을 자아올린다. 그 길을 통해 사람들은 적은 지혜로도 깨달음의 깊이에 도달할 수 있는 용기를 가지게 된다.

꽃잎 분분 젖어가며 흘러가는 봄날 아침
밤새 울던 폭풍우로 마음 둘 곳 없는 날엔
어린 순 차고 오르는
차밭으로 갈 일이다

찻잎이 번져가던 젊은 우리 가난한 날
추울수록 깊어지던 잎을 우려 삭혀가며
은은한 향내를 담아
눈빛 촘촘 스며들던

층층이 진 구릉마다 뾰족 오른 이파리들
단단한 잎 골라내고 바구니에 담은 말들

가마솥 황토에 엎어
　　한소끔 덖을 일이다

　　　　　　　　　　　　　—「봄, 번진다는 것」 전문

　번진다는 것은 정지된 공간이 확산되어 퍼지는 것을 의미하며 더 나아가 스며들고 감화되는 것을 의미한다. 「연잎, 결가부좌」가 돌올한 생명의 존재 의미를 일깨워주고 있다면 「봄, 번진다는 것」은 "여린 순 차고 오르는" 찻잎이 번지며 그 우리고 삭힌 은은한 향내"가 "눈빛 촘촘 스며들"어 한 몸으로 동화되는 의미를 담고 있다고 볼 수 있다.

3. 음악과 거울, 시적 상상력의 새로움

　1
　눈동자에 빨간 열매
　네 볼은 노랑
　나는 분홍

　돛단배는 네 눈썹
　내 눈썹은 반달

　입술은
　보라로 점점
　보일락 말락
　점
　점

2
희미한 악보 속을 유영하는 색채들

눈에 보이지 않는 슬픔
물고기와 새로 풀어 놓고

기하학 상징과 은유에
두 손 바친
파울 클레

―「카모플라쥬」 전문

    이 작품은 시조로서는 보기 힘든 시적 상상력이 있다. 시의 내용은 독일 화가 파울 클레(1879년~1940년)와 관련된 내용이다. 클레는 모자이크 문양의 패턴을 활용하거나 입방체와 점묘법, 그리고 자유로운 드로잉을 실험했으며 선명하고 다양한 색채를 구성한 작가로 알려져 있다. 1914년 아프리카 튀니지 여행 후 진술한 "색채와 나는 하나가 되었다. 나는 화가다." 라는 말은 그에게 중요한 좌표가 되었다.
    그는 1914년 제 1차 세계대전 시 공군기에 위장무늬 camouflage를 그리는 임무로 전쟁에 참여하기도 하는데 이 시기에 원형, 삼각형, 초승달 모양의 반추상적인 작품을 남기기도 했다. 인용 작품은 이러한 클레의 작품에서 시사 받은 것을 종합적으로 반영하고 있는 것으로 보인다. 빨강, 노랑, 분홍의 색감과 돛단배, 눈썹, 반달, 입술, 물고기와 새 등의 이미지는 그의 그림에 등장하는 일종의 "기하학 상징과 은유"인 셈이다. 클레는 어린아이

들이 창조력의 원천이라고 보았고 아이들의 그림으로부터 많은 영감을 받았다. 고기와 배 등은 이탈리아 여행 시 얻었던 풍경과 관련된다. "희미한 악보 속을 유영하는 색채들"이란 구절에는 그가 일찍부터 음악에 관심을 두고 그린 「빨강의 푸가」(1921)와 「장조 풍경」(1930) 같은 작품을 연상시킨다. 생계를 바이올린 연주로 유지할 만큼 음악가이기도 했던 그는 마치 악보 위에 음표들을 배열하듯이 색채들을 배열하기도 했다. 이를 통해 그가 그리고자 한 것은 무엇이었을까. 시인은 이를 "눈에 보이지 않는 슬픔"이라 보고 있다.

아마 이것은 그의 색채 구성과 밀접한 관련이 있다고 볼 수 있다. 그에게 있어 색채는 감정적인 반응들을 유도해내는 도구일 뿐만 아니라 불규칙적인 것들, 조화롭지 못한 형상들까지도 악센트를 줌으로써 그냥 스쳐지나갈 수 없도록 만드는 매력을 가지는 존재다. 이 매력은 독특하여 언뜻 보기에는 천진하면서도 밝아 보이지만 내면에는 슬픔을 내장하고 있다. 아마 이는 화가의 불우했던 생애 ―손을 못 쓰게 된 것과 나치의 박해― 와 잠재의식이 연결된 때문일 것이다. 시인은 클레의 이러한 양가兩價의 면을 담아내기 위해 마치 화가가 점묘를 통해 반 추상적인 그림을 그리듯이 작품을 구성하고 있는 것이라 판단된다.

새해 아침 꼭 한번 엷은 화장 하기 위해

거울 속 물의 요정 요란하게 잠을 깬다

부재의 투명한 눈망울 사르르 떨려온다

진분홍 립스틱에 연초록 볼 터치하며

수천수만 욕망의 조각 환유의 유희들은

분열된 의식이라도 얼음 궁전 짓는다

희부연 먼지 속에 물때 앉아 흐린 얼굴

남루한 이 하루도 크림으로 맑게 닦아

금기를 허락한 나무에 언어의 꽃 피어난다
―「라깡의 거울」 전문

    1953년 프랑스정신분석학회를 창설하고 M.푸코 등과 함께 프랑스 구조주의 철학을 대표하는 한 사람인 정신과의사 및 정신분석학자 라깡은 인간의 욕망, 또는 무의식이 말을 통해 나타난다고 주장한다. 인용 작품은 화장을 하기 위한 거울을 라깡이 말한 '말'로 보고 있다. 라깡에게 있어 "인간은 말하는 것이 아니라 말해진다"는 것으로 파악된다. 말이란 틀 속에 억눌린 인간의 내면세계를 해부한다고 본 것이다. 마치 거울이란 틀 속에 짜 맞춰진 인간의 군상처럼. 정신분석학계는 물론 언어학계에 새 바람을 일으킨 이러한 가설은 인간의 욕망을 분석하는 이론을 정립하고 있다는 점에서 음미해볼 부분이다. 거울에 보이는 것은 마치 거울은 스스로의 의지로 보이는 것이 아니라 거울 밖의 것이 하는 행동을 그대로 따라하는 것에 불과하다. 그런데 이 거울은 "새해 아침 꼭 한번 엷은 화장하기 위해" 필요한 것이므로 한 해가 바뀔 때마다 설계하는 인간의 꿈이나 욕망의 반영이라고 봐야 옳다. 그리하여 한 해의 설계도에 들어가는 "수천 수만 욕망의 조각 환유의 유희들은/ 분열된 의식이라도 얼음 궁전" 지어야 하는 것이다. '얼음 궁전'은 화려하기는 하지만 주거를 할 수 없는 차가운 공간이다. "금기를 허락한 나무에 언어의 꽃 피어"나게 해야 하는 책무를 수행하고 있음을 강조하고 있다. 이 거울 앞에 선 자는 바로 시인이다. 시인이 가져야할 모순된 존재나 욕망의 담론들을 담아내는 그릇, 곧 말로서의 거울을 얘기하고 있다고 볼 수 있다.

4. 음보와 구, 행의 넘나듦과 형식의 자유로움

저 은하수
무리별에서

버려지는 나의 별은

다시는
가 닿지 못할

당신의 별을 바라봅니다

아득히
길어졌다 짧아지는

그림자 하나를 생각합니다
― 「숨다리꽃」 전문

「숨다리꽃」은 각 장을 두 개의 연으로 설정하고 있다. 총 6연으로 구성하고 있는데 초장의 '나의 별'과 중장의 '당신의 별'을 각각 2연으로 처리한 것은 둘 사이의 거리가 아득히 멀어져가는 것을 시각화 하고 있다. 숨다리꽃이 가진 형태를 별로 치환하여 우주 속 아득함과 그 속에서 발견하는 소중한 존재인 "그림자 하나"에 초점을 맞춰 그리움의 정서를 극대화하고 있다.

기다림을 사랑한 물컹했던 하늘과
젖은 바람 음악으로 캄캄했던 슬픔들

낮과 밤
맞붙어버려

계절 없던 이름들

늦가을 창살에 와 부딪치는 햇살 같다
바람 타고 먼 길 가는 귀먹은 철새 같다

깊은 밤
시 끄적이는

쓸쓸한 당신 같다
　　　　　　　　　　　　　　　― 「당신의 등」 둘째 수

　이에 비해 「당신의 등」은 초장과 중장을 하나의 연으로 종장의 전구와 후구를 각각 하나의 연으로 총 3연을 한 수로 해서 구성한 두 수로 된 작품이다. 초장과 중장은 패턴이 같이 중복된다. "당신의 등"을 '햇살'과 '철새'로 비유한다. 따로 연을 나눌 필요도 없어 각 장을 한 행으로 단순하게 처리하였다. 그런데 종장의 첫 음보와 둘째 음보는 2행으로 분리했고 하나의 연으로 독립시켰다. 초, 중장의 각 4음보에 해당하는 공간을 종장의 2음보에 설정한 셈인데 "깊은 밤"과 "시끄적이는"이 갖는 시간과 사유 공간의 의미를 강조하기 위한 조치로 볼 수 있다. 반면 종장의 후구는 한 연으로 비교적 단순하게 처리하면서 마무리를 하고 있다. 시의 무게 중심은 자연히 종장 전구인 둘째 연에 모아지고 있다고 볼 수 있다.

　서투른 글씨 속으로 달이 자꾸 둥글어져도 십 년을 걸어 닿을 수 없는 달이었다면 여름이 찬란했다는 그런 말은 않기로 해요

　기억을 돌려준다는 나무 아래 누워서도 몇 무리의 양떼를 까마득 잊은 목동처럼 목메던 지난 시간은 양털로 덮어 두고

　은하를 건너가는 연분홍 달팽이처럼 달은 안고 뒹굴던 움막 같은 마음일랑 한 생을 기울게 하는 종소리로 보내요
　　　　　　　　　　　　　　　― 「달이 종소리를 울릴 때」 전문

초·중·종장이 한 행으로 처리되면서 한 연을 만들고 있다. 「솜다리꽃」과 「당신의 등」이 간결하면서도 절제미가 있는 시조의 본래 의미를 잘 살리고 있는 구조라면 「달이 종소리를 울릴 때」는 시조 한 수가 통째로 읽히는 유장함이 느껴지는 구조이다. 물론 거침없이 나가는 내용의 흐름이 이러한 시의 구조를 택하고 있음을 알 수 있다.

이를 테면 첫 수를 각 장으로 끊어 3행으로 처리해도 문제없이 읽힐 수는 있겠지만 초장과 중장에 반복되는 '달'이 연속되면서 점층적 효과를 가져 올 수 있다는 점에서 한 행으로 처리되는 것이 의미가 있고, 중장의 조건절이 바로 종장으로 이어지면서 바로 마무리를 하고 있어 의미를 단절하지 않고 상승 기조를 유지하고 있다는 점에서 전체를 한 행으로 한 것은 설득력을 가지고 있다고 판단된다.

사랑의 몸짓을 하는 수족관 속 두 물고기/
빙그르르 한 번 돌고 두 눈빛을 마주하며 저 둘은 한 몸인 것처럼 춤을 추고 있습니다/

생일을 깜빡 잊어 미안하다는 표정 위로 힘에 부친 지난 한 해 흔적들이 일어납니다/
연리지 한 몸 나무로 그늘이던 당신 모습/
                    —「수족관에서 사랑을 보다」첫째, 둘째 수

이 작품은 첫째 수는 초장을 한 연으로 설정하고 중·종장을 한 연으로 설정하여 2연으로 한 수를 만들고 있고, 둘째 수에서는 이와 반대로 초·중장을 한 연으로 설정하고 종장을 한 연으로 설정하여 2연이 한 수를 만들고 있다. 각각 강조하고자 하는 "수족관 속 두 물고기"와 "연리지 한 몸 나무"에 초점을 집중하기 하기 위하여 이를 하나의 행으로 독립하면서 그 의미를 극대화하기 위하여 한 연으로 독립되게 설정한 것임을 알 수 있다. 이 시집에는 이외에도 다양하게 형식의 자유로움을 최대한 확장시키려는 의도를 읽을 수 있다. 선별적으로 마땅한 이유가 있을 때는 의미가 있지만 잘못할 경우 오히려 시조가 갖는 단아함이나 절제미를 해칠 수 있다는 점을 유념하면서 주의를 기울인다면 보다 효율적인 형식구성을 할 수 있으리라 생각한다.

5. 현실과 역사에 응전하는 서사의 방식

논을 누비던 이앙기 앉아 한숨을 쉬는 김씨

망쳤어, 다 망쳤어 두 눈 붉게 불을 켠다

두 주먹 불끈 쥐면서 눈꺼풀을 슴벅인다

들녘을 동여매고 시큰거리는 무릎 끌며

살붙이 같은 흙덩이 쩍쩍 말라 바스라져

하늘만 올려다보며 맨가슴을 치는 울혈

목숨 같은 저 물을 골프장이 끌어간다고

담배 연신 태우다 소주를 붓는 몸속으로

쏴아아, 함석지붕이 빗소리로 울고 있다
―「여름의 무릎」 전문

    이 작품은 농부 김씨를 통해 거대한 자본의 모순을 비판하고 있는 작품이다. 서사를 이끌어 내는 방식에 주목해보면 흥미롭다. 첫 수에서는 밑도 끝도 없이 농부 김씨를 등장시켜 궁금증을 자아내게 한다. 독자들은 무슨 일 때문에 농부 김씨가 "두 눈 붉게 불을" 켜고 "두 주먹 불끈 쥐면서 눈꺼풀을 슴벅"이는지 알 수가 없기 때문이다. 둘째 수에서도 이 궁금증은 해소되지 않고 더 점증된다. 그 점증의 원인이 가뭄 때문임을 암시하기는 하지만 정작 "맨가슴을 치는 울혈"이 어디에서 비롯된 것임을 얘기하지 않는다. 그러더니 셋째 수 초장에서야 한꺼번에 쏟아낸다. "목숨 같은 저 물"의 농심과 '골프장'이라는 거대자본을 대비시키면서 비판의 강도를 높이고 있다. 마지막 마무리는 속이 타는 농부와 빗소리를 농부의 몸으로 일체화시킴으로써 극적 효과를 높이고 있다.

   흙먼지 군사도로 자갈 거리는 버스 안
   물러서는 풍경들은 정적 속 아득한데
   녹이 슨 철조망 사이
   긴장은 팽팽하고

죽더라도 고향 들녘 보고 싶다던 할머니
차창에 사진 붙여 어무니 실컷 보이소
하마 눈 감지 못한 얼굴
만월처럼 웃는다

졸음졸음 귀 맑히며 상처 붉은 DMZ는
두른 옷 다 벗어두고 새떼 저리 보내는데
갈라진 푸른 붉은 꿈들
만물상 끝 도는 구름

그립게 마주 보고도 하늘 멀리 돌아온 길
소달구지 웃는 농부, 손 흔드는 능선 뒤로
산첩첩 잠기는 노을
가을 물이 들고 있다

— 「금강산으로 물들다」 전문

남·북 분단의 이념 문제를 시에 담을 때 이를 어떻게 서정적으로 육화시킬 것인가라는 문제는 모든 시인의 고민 중의 하나다. 그런 점에서 이 작품은 좋은 전범을 우리들에게 제공한다. 구성으로 보면 4단 구성을 취했다. 첫수의 도입부는 긴장감을 감돌게 하지만 둘째 수에 의해 이 긴장은 해소된다. 이미 세상을 뜬 '할머니'를 등장시켜 구체적으로 얘기하는데 "죽더라도 고향 들녘 보고 싶다던 할머니"의 사진을 차창에 붙여 이 풍경을 보도록 하는 장면에는 "만월처럼 웃는"얼굴이라도 애절함이 배어나온다. 셋째 수가 포인트가 됨은 물론이다. "졸음졸음 귀 맑히며 상처 붉은 DMZ"에 대한 묘사와 금강산의 절경을 중첩

되면서 여운을 증폭시키기 때문이다. 넷째 수에서는 "소달구지 웃는 농부"가 손을 흔드는 장면을 이입시키고 그 뒤로 "산첩첩 잠기는 노을/ 가을 물이 들고 있"는 산하를 보여주면서 마무리를 짓고 있다. 작품 어느 곳에도 통일이라는 어휘가 들어가지 않았지만 할머니의 사진과 농부의 이입을 통해 통일에 대한 염원이 구체적으로 형상화 되고 있다고 볼 수 있다.

꽃불 총총 켜들고

잠을 깨는 도라산역

남과 북 하나였던 걸

열차는 기억하는지

두 가슴

와락! 안으며

겨울 너머 별을 센다
—「도라산역에서 별을 세다」 전문

서사를 단시조에 담아내는 것은 많은 부분을 생략하기 마련이다. 딱 필요한 말만 담아내되 그것과 관련된 얘기들이 배경으로 포진해야 서사성을 지니기 마련이다. 이 시에서 이 서사를 이어가는 키워드는 '꽃불' '남과 북' '와락!' '거울' '별' 등이다. '꽃불'은 남한과 북한 사이의 평화 무드를 이끄는 배경을 '남과 북'은 도라산이라는 지명이 가지고 있는 점이지대漸移地帶라는 점을 내포하여 실제적으로 통일을 얘기할 수 있는 중심축이라는 점을 '와락!'은 서로간의 이념 대결 없이 한 민족임을 '거울'은 그럼에도 녹록치 않은 현재 상황을 '별'은 통일의 지향점을 각각 담고 있다. 앞서 살핀바와 같이 현실과 역사에 응전하는 서사의 방식은 연시조일 경우는 공간이 넓어 구체성을 확보하기 쉽지만 단시조의 경우라 할지라도 키워드를 중심으로 엮어나가는 것이 바람직함을 알 수 있다.

요컨대 유순덕 시인의 작품은 디아스포라diaspora와 소외의 문제에 대하여 관심을 가지고 있으며 생태적인 자연환경이 지니는 길의 생명성과 확산, 곧 에코페미니즘에 대해 폭넓은 인식을 보여준다. 악보 위에 음표들을 배열하듯이 색채들을 배열하는 파울 클레의 camouflage의 새로운 기법과, 틀 속의 억눌린 인간의 내면세계를 해부하는 「라깡의 거울」을 통해 말이 지니는 비정형성을 시적 상상력을 통해 포착해내기도 한다. 또한 단시조와 연시조, 사설시조를 오가면서 음보와 구, 행의 자유로운 배치를 통해 시적 효과를 극대화하며, 현실과 역사에 응전하는 서사 방식을 다양하게 구현하고 있다. 시인의 이러한 창작 방법은 상당히 의미 있는 작업이라고 판단된다. ■

유순덕 | 고창 출생. 경기대학교 및 대학원 국문과 박사 졸업(현대문학). 단국대학원 박사 수료(콘텐츠·스토리텔링). 2016년 서울신문 신춘문예 당선. 2013년 ≪열린시학≫ 등단. ≪한국동시조≫ 등단. 2013년 전국가람시조백일장 장원(교육부장관상). 아르코 창작지원금 수혜. 열린시학상, 전국계간문예작품상, 한국예술작가상(동시). 시낭송 지도사. 연구서 『죽음의 형상화와 치유의 글쓰기』, 『현대시조에 나타난 형식미학과 생명성 연구』. 경기대 인문학연구소 연구원. 한국시조문학관(서울) 상주 작가. 한국시인협회, 한국시조시인협회, 오늘의시조시인회의, 한국작가회의, 한국동시문학회 회원. 시집 『구부러진 햇살을 보다』, 시조집 『구름 위의 구두』.

고요아침 운문정신 023

흑고니가 물 등을 두드릴 때

초판 1쇄 인쇄일 · 2019년 06월 21일
초판 1쇄 발행일 · 2019년 07월 03일

지은이 | 유순덕
펴낸이 | 노정자
펴낸곳 | 도서출판 고요아침
편　집 | 정숙희 김남규

출판 등록 2002년 8월 1일 제 1-3094호
03678 서울시 서대문구 증가로 29길 12-27 102호
전화 | 302-3194~5
팩스 | 302-3198
E-mail | goyoachim@hanmail.net
홈페이지 | www.goyoachim.net

ISBN 979-11-90047-12-8(04810)

*책 가격은 뒤표지에 표시되어 있습니다.
*지은이와 협의에 의해 인지는 생략합니다.
*잘못된 책은 교환해 드립니다.

* 이 책은 2018년 아르코문학창작기금의 수혜를 받아 발간되었습니다.

ⓒ 유순덕, 2019